# PSYCHOLOGIE DE LA PERTE DE POIDS

APPRENEZ TOUT CE QUE VOUS DEVEZ SAVOIR
SUR LA PERTE DE GRAISSE CORPORELLE
NATURELLEMENT, GRÂCE AUX BASES
PSYCHOLOGIQUES DE LA COMBUSTION DES
CALORIES

Jessy M. Brown

Première édition

# Table des matières

## *Introduction*

La perte de poids est l'un des objectifs de la plupart des hommes et des femmes. Si c'est aussi l'un de vos rêves dans la vie, vous devez être conscient des aspects qui vous aideront à atteindre les résultats que vous attendez. L'un de ces aspects est sa façon de penser. Sans une forte détermination et une mentalité bien arrêtée, il serait difficile d'obtenir des résultats satisfaisants en matière de perte de poids.

Tout d'abord, changer votre façon de penser est la première chose à considérer quand il s'agit de perdre du poids. Votre plan de perte de poids ne réussira pas si vous ne faites pas attention à votre façon de penser. En vous disant que vous ne pouvez pas, vous échouerez sûrement et vous aurez une petite chance de voir les résultats. Par conséquent, vous devez penser à ces choses à l'envers.

Au lieu de penser négativement à la perte de poids, vous devriez dire que je le ferai, que je le peux et que je réussirai. Vous aurez plus confiance en vous en vous disant chacune de ces choses une fois que vous aurez appris à changer votre façon de penser. Pour vous motiver, vous devez connaître la valeur de la motivation et la façon dont elle peut vous aider à atteindre vos objectifs.

C'est le but principal de ce livre. Avec ce guide, vous apprendrez le vrai sens d'une mentalité qui peut vous aider à réussir et à être plus efficace dans l'atteinte de vos objectifs de perte de poids. Il est important de changer votre façon de penser, et vous devez comprendre les raisons pour lesquelles vous devez l'envisager.

Vous êtes chanceux de trouver ce livre parce qu'il vous fournira des idées, des détails, des conseils et tout sur votre pensée et votre relation et l'importance de la perte de poids.

Avec ce guide, vous pouvez contrôler votre poids et apprendre tout ce que vous pouvez faire pour atteindre vos objectifs. Votre voyage vers une perte de poids réussie et satisfaisante est sur le point de commencer. Lisez la suite !

# Le pouvoir de l'esprit sur le corps

Votre façon de penser joue un rôle très important dans la perte de poids. Ce qui vous arrive physiquement n'est qu'un reflet des changements qui se produisent dans votre système. Alors, tu es ce que tu penses.

Une personne qui aspire à perdre son excès de poids verra sa tension artérielle et son rythme cardiaque changer. De même, la conductivité électrique de la peau et de la respiration réagit à vos émotions et pensées.

Vous vous trouvez peut-être trop gros ou pas du tout en forme. Si vous n'êtes pas heureux, le stress fera en sorte que votre corps se sentira dans un état dangereux. Cela entraînera la libération d'hormones qui causent le stress. Lorsque des pensées stressantes et de mauvaises émotions sont poursuivies, votre corps devient plus tendu. L'hormone responsable du stress, connue sous le nom de cortisol, a un impact important sur votre système digestif et votre poids. La graisse du ventre est l'un des signes visibles du stress.

> ### Comment perdre son excès de poids ?

La première chose à faire est de changer d'avis. Quand il s'agit de perdre du poids, il ne faut pas penser à un "régime". Au lieu de cela, vous devriez apprendre la meilleure façon de manger les aliments que vous voulez. Ce faisant, vous devriez penser à l'alimentation plutôt qu'à la privation. Profitez de l'heure des repas pour savourer la nourriture servie à table. Les repas sont le bon moment pour oublier les problèmes stressants ou les pensées stressantes que vous avez dans la vie. À long terme, vous remarquerez que vous prenez plaisir à manger et que vous mangez moins de nourriture.

Vous devez garder votre corps dans un état normal. Par conséquent, vous devez trouver des moyens de rester en forme et en bonne santé. Manger des aliments qui vous aident à réfléchir est la meilleure technique pour éliminer le stress et améliorer votre santé. Cela vous permettra d'atteindre une perte de poids réussie, même sans régime.

# L'importance de votre mentalité

L'étroitesse d'esprit peut être la raison pour laquelle vous n'atteignez pas vos objectifs de perte de poids à long terme. Développer une bonne mentalité est l'une des choses les plus cruciales que vous devez considérer pour obtenir un changement durable.

Si vous avez l'esprit fermé, vous êtes le genre de personne qui a tendance à fuir les défis. De plus, vous risquez d'abandonner facilement lorsque vous éprouvez des difficultés à atteindre vos objectifs. Bien que vous soyez déterminé à changer, tout est trop difficile pour vous. Vous décidez donc de rester dans votre zone de confort. Vous êtes déterminé à commencer à prendre des mesures pour perdre du poids, mais une fois que vous ne voyez pas les résultats le plus tôt possible, vous préférez abandonner et cesser de tout faire.

Si vous êtes ouvert d'esprit et positif, vous êtes toujours prêt et courageux pour faire face à tout défi tout au long de votre voyage. Vous devriez vous attendre à ce que des obstacles se présentent sur votre chemin, mais lorsque quelque chose de mauvais se produit, vous devriez chercher à les surmonter en utilisant une stratégie qui vous aidera à aller dans la bonne direction.

Lorsque vous êtes fermé d'esprit, vous avez tendance à vous abstenir d'écouter les conseils et les suggestions des gens qui vous entourent. Vous ne tiendrez pas compte des commentaires de ces gens pour pouvoir rester sur votre chemin actuel. Vous pensez aussi que vos efforts sont inutiles parce que vous savez que vous n'y arriverez pas avant la fin.

Une personne ouverte d'esprit est une personne qui écoute ce que les autres peuvent lui dire. Elle reflète également leurs propres pensées, attitudes et actions. Quand vous avez ce genre de mentalité, vous devriez faire de petits pas en avant. Avoir une mentalité positive équivaut à avoir une intelligence émotionnelle. Tu sais que les changements n'arriveront jamais sans elle.

Si vous avez l'esprit fermé, vous avez tendance à vous concentrer sur l'aspect physique. Vous regardez les autres et vous ressentez de l'envie et de la jalousie parce qu'ils ont du succès. Vous supposez que vous pouvez faire mieux qu'eux, mais vous ne faites rien. Ayant une mentalité positive, les actions prises par les autres deviennent votre inspiration. Vous êtes témoin de leurs réalisations et apprenez en voyant ce qu'ils font. Tu prendras ça et tu trouveras quelque chose qui te conviendra.

Comme vous pouvez le voir, avoir l'esprit fermé ne vous aidera jamais à atteindre les résultats que vous voulez.

Vous resterez dans votre état actuel pour toujours et ne remarquerez pas les développements et les changements. Vous ne pouvez pas grandir parce que vous ne changez pas votre façon de penser ou que vous ne faites rien pour surmonter vos pensées négatives.

Lorsque vous ouvrez votre esprit et choisissez de le faire, vous commencerez à voir les changements qui vous arrivent. Les développements seront visibles et vous commencerez à connaître du succès. Tout cela va venir à votre méthode psychologique. Si vous avez de la difficulté à perdre du poids et que vous ne voyez pas les changements au fur et à mesure que vous traversez le cycle, lisez ce livre et réfléchissez à ce que vous pouvez faire pour changer votre façon de penser.

# La visualisation de votre corps

Votre pensée, qu'elle soit positive ou négative, peut affecter votre image corporelle. Si vous essayez d'apporter des changements à la forme de votre corps et à votre état de santé, vous devriez commencer par votre esprit. Les résultats de la perte de poids que vous attendez vous seront donnés une fois que vous aurez développé une image corporelle correcte. Une image corporelle bien développée semble fournir un modèle de l'apparence exacte que vous aimeriez obtenir.

> ### ➤ *Pourquoi c'est important*

Si vous ne changez pas votre façon de penser, vos pensées au sujet de la perte de poids iront à l'encontre de la routine de santé ou du changement que vous avez commencé. Vous ne trouverez jamais rien qui fonctionne plus vite que votre cerveau. Créer des sentiments et des pensées qui soutiennent votre image corporelle vous aidera à obtenir les changements positifs et les résultats que vous souhaitez.

Aujourd'hui, la plupart des gens qui recherchent des résultats de perte de poids réussis comptent sur les nombreux suppléments disponibles sur le marché. La vérité est que les résultats de perte de poids peuvent également être atteints simplement en ayant un état d'esprit positif. En changeant votre façon de voir la perte de poids et la façon dont elle se produit, vous êtes sûr d'obtenir les résultats que vous attendez. Il vous permettra également de changer toute votre vie et de conserver la nouvelle forme de votre corps.

## *Fixez-vous des objectifs pour bien manger*

Le métabolisme est le processus par lequel les aliments consommés sont transformés et transformés en énergie. La façon la plus facile de comprendre cela est de supposer que la nourriture est de l'essence pour votre corps. Une fois que votre estomac se vide, votre corps commence à s'affaiblir et essaie d'utiliser l'énergie stockée dans vos cellules graisseuses.

Certaines personnes qui essaient d'avoir un régime de perte de poids réussi limitent leur consommation alimentaire, de sorte qu'elles mangent moins que la normale. D'un autre côté, cela ne vous permettra jamais d'atteindre vos objectifs, car votre corps interprétera la réduction de l'apport alimentaire comme une famine et utilisera les cellules graisseuses comme un mécanisme de survie pour votre corps.

La façon la plus efficace d'améliorer votre métabolisme et la capacité de votre corps à perdre du poids est de manger fréquemment de petits repas chaque jour. La plupart des gens mangent généralement 2 à 3 fois par jour avec des repas copieux. Pour améliorer votre métabolisme, vous devriez manger fréquemment de petits repas tous les jours. Vous pouvez manger au moins 6 fois par jour avec de longs intervalles pour donner à votre corps plus de temps pour digérer les aliments que vous mangez.

En mangeant de petits repas tous les jours, vous aurez faim, ce qui peut empêcher vos graisses d'être utilisées contre la faim. Vous devriez également manger plus d'aliments faibles en calories et en gras, mais riches en fibres. Ces aliments sont ceux qui vous aideront à perdre plus et à obtenir de meilleurs résultats de perte de poids. Évitez les aliments transformés, surtout ceux qui sont riches en gras et en sodium.

Une fois que vous aurez changé votre façon de voir la nourriture, il vous sera plus facile de changer vos habitudes alimentaires habituelles. Lorsque vous suivez un programme particulier de perte de poids, vous devriez vous concentrer sur votre objectif. Vous devriez non seulement perdre du poids, mais aussi améliorer votre santé.

# *Fixez-vous des objectifs d'exercice*

Être déchiré en lambeaux ou sexy n'est pas difficile à faire si tu le penses vraiment. Ce que tu dois faire, c'est changer d'avis. Vous savez que l'exercice est important dans la perte de poids et vous devez être déterminé à le faire tous les jours. Voici quelques conseils que vous pouvez utiliser pour obtenir l'état d'esprit dont vous avez besoin pour être motivé à faire de l'exercice régulièrement.

L'exercice régulier est connu pour les différents bienfaits qu'il peut apporter à la santé. Cependant, il n'y a que peu de personnes qui mènent une vie active. Si vous voulez améliorer votre qualité de vie, vous devriez commencer un programme d'exercices. Il abaissera votre tension artérielle et peut réduire votre risque de diverses formes de cancer.

➤ *Voici comment faire :*

**1. Établissez des attentes réalistes -**
avant de commencer votre nouvelle
routine d'exercice, vous devez d'abord
vous fixer un objectif. Vous devez être sûr
de ce que vous aimeriez accomplir. Si
c'est la première fois que vous utilisez un
régime d'exercice, vous ne devriez pas
vous sentir dépassé. Vous devriez d'abord
vous concentrer sur un petit objectif et
faire une liste contenant les objectifs de
perte de poids que vous aimeriez
atteindre. Une fois que vous aurez fixé
des attentes réalistes, il vous sera plus
facile de les atteindre. Après avoir atteint
les petits objectifs que vous vous êtes
fixés, vous pouvez poursuivre vos
objectifs difficiles à atteindre. Si vous avez
l'intention de vous joindre à un club de
conditionnement physique, vous pouvez le
faire, car il y a plusieurs gymnases avec
des entraîneurs personnels qui peuvent
vous aider à atteindre vos objectifs. Si
vous ne savez pas vraiment ce que vous

aimeriez réaliser, l'embauche de ces professionnels pourrait être la meilleure solution à votre problème. Ils vous motiveront en vous faisant comprendre l'importance de vous concentrer sur la perte de graisse.

**2. trouver un partenaire de conditionnement physique** - pour avoir plus de plaisir tout en faisant de l'exercice, vous voudrez peut-être trouver quelqu'un qui est votre partenaire de conditionnement physique pour aller au gym tous les jours. La recherche montre que si vous travaillez avec quelqu'un, vous serez motivé à en faire plus dans votre programme d'exercice. Que vous vous amusiez avec quelqu'un tout en faisant de l'exercice ou que vous deveniez plus compétitif et capable de vous dépasser, ces choses dépendront du type de personnalité que vous avez.

**3. continuez à faire ce que vous pouvez** - ne vous inquiétez pas si vous n'avez pas assez d'argent pour payer les frais de gymnase. Il n'y a pas de règle selon laquelle l'exercice doit être formel. Vous pouvez simplement monter et descendre les escaliers 10 fois par jour. Vous pouvez également emmener votre chien faire une promenade à l'extérieur, où qu'il aille. Toute action qui peut augmenter votre fréquence cardiaque est un type d'exercice cardiovasculaire.

**4. *Mangez des aliments nutritifs et sains -*** pour être en forme physiquement, vous devez faire attention aux aliments que vous mangez pendant vos repas. Vous devriez avoir une alimentation équilibrée et saine, ce qui est un aspect très important pour la richesse et la santé en général. Vous pouvez communiquer avec votre diététiste si vous avez besoin de conseils nutritionnels. Il ou elle peut vous dire quels sont les bons aliments à manger et ce qui fonctionnerait le mieux avec votre régime d'exercice. Gardez toujours à l'esprit que l'exercice seul n'est pas suffisant pour obtenir de bons résultats de perte de poids. L'exercice doit être combiné à une alimentation adéquate.

**5. Amusez-vous bien -** vous ne devriez jamais avoir l'impression d'être la seule personne confrontée à des problèmes en essayant de perdre du poids. Rappelez-vous qu'il y a des millions de personnes dans le monde qui font face au même problème que vous. Établir l'état de votre esprit est la première étape que vous devez franchir lorsqu'il s'agit de faire de l'exercice.

Vous devez garder à l'esprit que lorsque vous faites de l'exercice, ce n'est pas pour que votre corps se sente torturé, mais pour son propre bien. Cela signifie que vous devriez apprécier tout ce que vous faites dans votre vie quotidienne. Vous pouvez choisir le yoga car c'est un excellent moyen de revitaliser votre esprit au fur et à mesure que vous devenez en bonne forme physique. Si vous êtes un homme, vous voudrez peut-être vous joindre à une équipe de basketball où vous vivrez une expérience amusante pendant que votre corps commence à perdre du poids. Vous pouvez également utiliser des poids libres. Si vous commencez votre nouveau programme d'exercices tout en ayant une mentalité négative au sujet de l'exercice, vous ne serez jamais en mesure de le faire régulièrement. Souvenez-vous toujours de son importance.

# *Votre image corporelle*

Pour obtenir d'excellents résultats de perte de poids, vous devez changer votre façon de penser. Une excellente façon de modifier votre façon de voir l'exercice et votre image corporelle est de lire et d'écrire des affirmations tous les jours, que sont les affirmations et comment peuvent-elles vous être utiles ? Eh bien, ce sont de brèves déclarations positives que vous pouvez lire ou écrire à plusieurs reprises si nécessaire. Vous pouvez les placer dans les endroits à l'intérieur de votre maison où vous allez habituellement tous les jours. En les voyant régulièrement, vous aurez plus confiance en vous pour relever les défis et commencer à travailler plus fort pour obtenir de meilleurs résultats de perte de poids.

*Outre l'utilisation d'affirmations, vous*

*pouvez également changer votre façon de penser en utilisant d'autres techniques :*

**- Tenez compte de l'impact -** vous devez réfléchir à la façon dont votre propre image corporelle influe sur les autres aspects de votre vie. Vous devez réfléchir à la façon dont votre image corporelle influence votre travail, vos relations et votre image de vous-même. Vous devez déterminer si cela vous empêche ou non d'atteindre vos objectifs. Essayez de réfléchir à la façon dont votre image corporelle affecte négativement votre vie. Comprendre que l'insatisfaction de votre corps influence votre vie peut être stimulant. C'est parce que connaître les problèmes vous amènera à trouver des solutions pour eux. Une fois que vous êtes conscient de l'effet des mauvaises images corporelles, vous pouvez commencer à faire quelque chose pour les atténuer.

**- Regardez-vous -** la plupart des gens se plaignent de leurs cuisses et de leur ventre gras. Ils ont plusieurs questions qui

ont trait à leurs échecs à obtenir les
résultats de perte de poids qu'ils désirent.
Si vous êtes l'une de ces personnes, vous
devez être habilité afin de pouvoir vous
voir pleinement. Lorsque vous vous tenez
devant le miroir, vous devriez observer
tout votre être et éviter de vous soucier
de vos parties du corps.

**- *Construire une image corporelle
positive et bonne venant de l'intérieur***
- la plupart des gens dépendent de
facteurs externes qui peuvent briser ou
causer leur image corporelle. Quand vous
lisez un magazine et que vous voyez des
modèles au corps parfait, vous avez
tendance à douter de votre apparence. La
lecture d'un message Internet sur
l'exercice et l'alimentation peut vous faire
vous sentir encore plus mal. Cependant,
que se passera-t-il une fois que vous
travaillerez avec une image corporelle qui
peut résister aux influences extérieures ?
Vous ne trouverez certainement jamais
rien qui soit complètement résistant, mais

vous pouvez faire quelque chose qui transformera votre propre image corporelle en quelque chose de stable. Vous pouvez vous tenir devant le miroir et attendre que les pensées négatives entrent dans votre esprit. Une fois que ces pensées arrivent, vous devez imaginer quelque chose qui vous protégera d'elles. Votre pensée, vos émotions et votre rythme cardiaque seront ainsi protégés. De là, votre mentalité positive entrera en jeu. De cette façon, vous serez sûr d'être sur la bonne voie.

*- Changez votre façon de penser -* lorsque vous changez votre façon de penser, vous vous donnez les moyens de former une image corporelle développée. Lorsque vous avez réalisé que perdre du poids n'est pas l'objectif réel que vous devez atteindre, vous êtes en mesure de continuer à avoir une bonne routine d'autosoins. Quand vous réalisez que les plans de régime ne sont pas assez pour obtenir ce que vous voulez, vous vous

concentrez sur l'écoute de ce que votre corps dit. Vous pensez peut-être que les exercices ne sont pas vraiment liés à la perte de poids, mais les mouvements de votre corps peuvent soulager le stress.

**- *Pensez aux attributs positifs que vous avez* -** quand vous avez des yeux attrayants, vous pouvez publier quelque chose qui vous rappellera sans cesse vos yeux. Vous pouvez le placer dans le miroir à l'intérieur de la salle de bains. Ils peuvent faire face à des difficultés lorsqu'ils atteignent leurs objectifs, mais ils ont la chance d'avoir ces caractéristiques que les autres n'ont pas.

# *Accrochez-vous à vos objectifs*

Vous allez toujours au gymnase, mangez un repas équilibré et passez suffisamment d'heures à dormir, mais vous ne vous sentez toujours pas bien. Vous pensez que vous n'êtes pas en bonne santé. Aujourd'hui, la plupart des gens sont conscients des avantages qu'ils peuvent tirer de leur santé. Cependant, la plupart des gens ne passent pas de temps à penser à l'aspect le plus important du contrôle de la perte de poids, et c'est l'esprit.

Vous pouvez être en bonne forme physique en faisant de l'exercice et en suivant un régime alimentaire approprié, mais lorsque votre mentalité n'est pas en bonne forme, cela peut affecter d'autres aspects de votre vie. Le pire, c'est qu'il peut vous empêcher d'atteindre vos objectifs. Le stress quotidien, la dépression, l'anxiété et d'autres problèmes psychologiques sont devenus fréquents. Chez 5 personnes, il y en a une qui éprouve des problèmes psychologiques à un moment donné de sa vie. Cette situation se produit à cause de la négligence de prêter attention à votre esprit.

### ➤ *La valeur d'avoir une mentalité normale et positive*

La recherche scientifique a montré que les mauvaises mentalités submergées par le stress peuvent déclencher d'autres problèmes de santé. Gardez toujours à l'esprit qu'avoir une mentalité malsaine peut mener à un physique malsain. La mentalité désordonnée peut aussi retenir une personne. Vous pouvez penser aux obstacles à une bonne santé, à une meilleure productivité au travail et à de meilleures relations. Trouvez la meilleure façon d'y faire face.

En faisant tout ce que vous pouvez pour

rester en forme, vous pouvez aussi pratiquer des exercices de l'esprit, qui peuvent aider à réduire vos émotions et pensées négatives. Ignorez les pensées négatives qui vous disent des choses inutiles. Au lieu de penser négativement, vous devriez penser de l'autre côté. Dites-vous que vous pouvez le faire et que vous pouvez réaliser vos rêves. Considérez vos pensées négatives comme des défis et laissez-les vous motiver à faire plus d'efforts au lieu d'abandonner.

De la même manière, vous devriez pratiquer la gratitude et être reconnaissant pour les expériences et les leçons enseignées tout au long de votre vie. Au lieu de penser à vos échecs, vous devriez toujours croire que de mauvaises choses vous apprennent les bonnes choses et vous aident à reconnaître vos erreurs. Penser au côté positif de votre situation vous aidera à avoir une mentalité positive. Quand il s'agit de perdre du poids, vous devriez vous concentrer sur les choses qui vous feront échouer et les utiliser comme motivation pour devenir un penseur positif.

## Comment être cohérent avec vos objectifs ?

La plupart des éléments de la vie sont utiles pour obtenir les résultats auxquels vous vous attendez quand il s'agit de perdre du poids. D'un autre côté, la chose la plus importante est votre esprit. Si vous voulez perdre du poids et brûler plus de graisse, vous devez conditionner votre esprit et croire en vous-même que vous pouvez faire ce qu'il faut pour atteindre votre but.

Avoir une bonne et efficace mentalité de perte de poids vous aidera beaucoup. Cela vous donnera la motivation et la force de relever les défis. Avec ces choses, il vous sera plus facile de surmonter les obstacles et les tentations qui peuvent surgir sur votre chemin. Une bonne mentalité positive de perte de poids vous aidera à promouvoir un changement à long terme et à atteindre un mode de vie sain et normal.

Si vous êtes vraiment sérieux au sujet de la perte de poids et que vous avez déjà développé une mentalité positive, vous devriez chercher des moyens de la maintenir et les changements qu'elle peut apporter dans votre vie. Voici quelques mesures que vous pouvez prendre pour suivre l'évolution de votre mentalité :

**- *Rappelez-vous de vos objectifs -*** pour atteindre des résultats complets et réussis de perte de poids, vous devez vous rappeler des objectifs que vous voulez atteindre. Vous voudrez peut-être noter tous vos objectifs de perte de poids. Pour motiver votre réflexion, vous devez être précis sur ce que vous voulez vraiment accomplir. Établissez un calendrier fixe des moments où vous devriez voir d'autres changements. Assurez-vous que vos objectifs sont réalisables et mesurables. Un objectif considérable est un objectif dont vous pouvez être tenu responsable. Un bon exemple en est la perte d'un pourcentage spécifique de graisse qui doit être atteint à une certaine date.

*- Pensez à vos objectifs dans votre vie quotidienne -* vous devez revoir tous les objectifs que vous avez écrits dans votre journal, y compris les horaires. C'est pour s'assurer que vous êtes sur la bonne voie. Vous vous demandez peut-être si les gestes que vous avez posés pour une journée donnée vous ont rapproché ou éloigné de vos aspirations.

*- Visez des objectifs plus petits et plus courts -* vous pouvez diviser les objectifs à long terme que vous avez en objectifs plus petits et plus faciles à gérer. De cette façon, vous constaterez qu'ils sont moins difficiles à faire, donc vous serez plus motivé à garder votre mentalité positive en réalisant les changements continus qui se produisent à l'intérieur et à l'extérieur de votre corps. Au lieu de penser que vous devez perdre 50 livres en un an, vous devriez vous concentrer sur la

perte d'une livre par semaine parce que c'est plus facile à atteindre. De cette façon, votre changement de mentalité ira plus loin.

*- Modifiez votre concentration -* vous devez oublier les aspects négatifs de la perte de poids. Ces aspects incluent le sentiment de privation. Au lieu de vous inquiéter pour eux, vous devriez concentrer votre attention sur les aspects positifs de la perte de poids. Vous pouvez faire attention à l'apparence de vos vêtements et à la façon dont votre corps y réagira.

*- Pensez davantage à être en bonne santé -* vous ne devriez pas être obsédé par votre rêve de perdre du poids. Vous devriez faire attention à améliorer votre santé afin d'améliorer votre qualité de vie. Vous devez manger des aliments qui amélioreront votre santé plutôt que des aliments qui sont principalement destinés à la perte de poids.

## Conclusion

Comme dans les chapitres précédents, nous aimerions, dans ce dernier chapitre, vous rappeler l'importance d'avoir une bonne mentalité. Quand il s'agit d'objectifs, qu'il s'agisse de perte de poids ou non, vous verrez que changer votre état d'esprit est le premier et le plus important aspect qui vous mènera au succès. Quand il s'agit de perdre du poids, comment un changement de mentalité peut-il vous être bénéfique ?

*Chercher à changer la façon dont vous pensez à la perte de poids vous donnera plusieurs avantages, y compris :*

**- *Avoir une mentalité positive vous rendra plus confiant -*** pour être en forme physiquement, vous devez mettre de l'ordre dans votre esprit et oublier la façon habituelle dont vous voyez la perte de poids. Changer votre façon de penser est la première étape d'un plan efficace de gestion de la perte de poids. Sans une volonté et une détermination fortes apportées par une pensée positive, il vous sera plus difficile d'obtenir ce que vous voulez. Lorsque vous changerez d'avis, vous vous sentirez plus confiant et serez en mesure de relever le défi de maintenir le poids qui vous convient. Dans la perte de poids, la possession d'une mentalité positive doit être constamment maintenue. Cela vous donnera plus de confiance pour maintenir les résultats que vous appréciez aujourd'hui tout au long de votre vie.

*- Changer votre* façon de *penser mènera à un état de santé normal -* lorsque vous changerez votre façon négative de penser à la perte de poids, vous constaterez qu'il est plus facile d'atteindre une santé globale. Changer votre façon de penser vous aidera non seulement à réussir votre plan de perte de

poids, mais aussi à adopter un mode de vie plus sain.

*- Changer votre façon de penser vous permettra de devenir une personne optimiste -* vous devriez changer votre façon de penser et vous devez devenir un penseur positif si vous êtes vraiment sincère sur la façon d'atteindre un physique plus attrayant. Changer l'environnement et les croyances habituels de votre esprit quand il s'agit de perdre du poids vous aidera à être optimiste. L'optimisme est une bonne attitude que vous devez avoir pour perdre du poids, saviez-vous que ce que votre esprit peut concevoir, votre corps peut accomplir ?

*- Changer votre façon de penser vous fera du bien -* quand vous dites que vous devez changer votre façon de penser, cela signifie que vous devez oublier vos attitudes négatives comme le pessimisme, car cela vous empêchera de réussir. Si vous voulez vraiment perdre du

poids d'une manière saine et sûre, vous devez vous dire que vous pouvez le faire. Cependant, les mots seuls ne suffisent pas pour vous aider à atteindre vos objectifs. Saviez-vous que ce sont deux des principales clés qui vous aideront à obtenir un changement radical dans votre corps ?

Ce sont tous ces avantages que vous pouvez obtenir lorsque votre façon de penser a changé. Comme vous pouvez le constater, choisir de changer votre façon de penser habituelle vous aidera à obtenir plus, en plus des résultats de perte de poids que vous attendez. Alors, qu'attendez-vous ? Vous devriez commencer votre lutte pour changer votre façon de penser avant de prendre les autres mesures de votre plan de gestion de la perte de poids. Gardez à l'esprit que la meilleure façon de perdre du poids est de vous concentrer sur votre santé mentale plutôt que sur votre apparence physique. Quoi qu'il arrive, ton esprit est toujours le patron. Gardez ces choses à l'esprit et vous vous assurerez d'avoir du succès. Ce n'est peut-être pas une voie facile, mais elle peut certainement être réalisée, surtout si vous mettez en pratique les conseils que ce livre vous a donnés. Je vous souhaite bonne chance et n'oubliez pas que tout est possible !

Maintenant oui, je vous souhaite le meilleur dans vos résultats, et rappelez-vous que tout est pratique ; la théorie sans l'action ne vous est d'aucune utilité.

*Un gros câlin, ton amie Jessy !*

D'ailleurs, lorsque vous obtiendrez vos résultats petit à petit, je vous recommande vivement, si vous voulez en savoir plus sur les méthodes de perte de poids, mon livre sur "COMMENT FAIRE LE RÉGIME CÉTOGÉNIQUE SANS ARRÊTER DE MANGER", est un livre qui je suis sûr vous aidera beaucoup sur votre chemin vers "la bonne santé".

Sans plus attendre, vous pouvez le trouver dans le moteur de recherche

Amazonien, comme : "Comment faire le régime cétogène sans arrêter de manger" ou chercher mon nom, comme : "Jessy M. Brown".... Encore une fois, je vous souhaite beaucoup de succès dans vos résultats !

www.ingramcontent.com/pod-product-compliance
Lightning Source LLC
Chambersburg PA
CBHW072023280526
45788CB00007B/2643